ALBERT SAUZÈDE

DETTE SOCIALE
ET SACRIFICE

ÉTUDE DE SOLIDARISME CHRÉTIEN

MONTAUBAN
TYPOGRAPHIE ET LITHOGRAPHIE J. GRANIÉ
3, AVENUE GAMBETTA, 3

1904

DETTE SOCIALE ET SACRIFICE

ALBERT SAUZÈDE

DETTE SOCIALE ET SACRIFICE

ÉTUDE DE SOLIDARISME CHRÉTIEN

MONTAUBAN
TYPOGRAPHIE ET LITHOGRAPHIE J. GRANIÉ
3, AVENUE GAMBETTA, 3

1904

BIBLIOGRAPHIE

Nous ne donnons ici que la liste des ouvrages consultés dans leur ensemble. Quant à ceux dont on trouvera, dans ce travail, une ou deux citations, nous nous sommes borné à les indiquer en note.

Charles Gide : *Quatre écoles d'économie sociale*, 1890.

Charles Andler : *Du quasi-contrat social et de M. Léon Bourgeois* (*Revue de métaphysique et morale*, juillet 1897).

A. Darlu : *Encore quelques réflexions sur le quasi-contrat social* (*Revue de métaphysique et morale*, janvier 1898).

Charles Gide : *Charité* (*Revue du Christianisme social*, mai 1900).

Léon Bourgeois : *Solidarité*, 3e édition, 1902. — *Essai d'une Philosophie de la Solidarité* (conférences et discussions), 1902.

L. Maury : *Justice et Charité*, 1902.

Jean Jaurès : *La Justice dans l'Humanité* (*Revue Socialiste*, janvier 1903).

C. Bouglé : *L'Évolution du Solidarisme* (*Revue politique et parlementaire*, mars 1903).

Jacques Baylac : *La morale de la Solidarité* (*Bulletin de Littérature ecclésiastique*, publié par l'Institut catholique de Toulouse, avril 1903).

Eugène d'Eichtal : *La Solidarité sociale et ses nouvelles formules* (*Comptes rendus de l'Académie des sciences morales et politiques*, 1903, 1er semestre).

Charles Brunot : *La Solidarité sociale comme principe des lois* (*Comptes rendus de l'Académie des sciences morales et politiques*, 1903, 2e semestre).

G.-L. Duprat : *Éducation sociale et solidarité* (*Revue internationale de sociologie*, 1903).

C. Bouglé : *La Démocratie devant la Science*, 1904.

INTRODUCTION

Nous essayons, dans ce travail, de résoudre la question suivante : Le fait d'acquitter la dette sociale constitue-t-il toute la morale? Intéresse-t-il la conscience individuelle? Représente-t-il, pour nos libres énergies, un idéal achevé?

On admettra bien que, préalablement et nécessairement, nous ayons entrepris de connaître toute l'étendue de la dette sociale. Nous nous sommes efforcé d'en rassembler les éléments épars dans les théories actuelles de la Solidarité. La bibliographie solidariste devient de plus en plus abondante. Il n'en faut pas moins revenir, pour toute étude exacte, au point de départ, aux écrits de M. Léon Bourgeois et de son école[1].

1. Nous avons pensé qu'il ne serait pas inutile de dégager le mécanisme de la théorie solidariste des multiples développements qui le compliquent et en altèrent, à certains yeux, la réelle simplicité. Nous avons tâché de rendre possible une brève vue d'ensemble. Au surplus, comme l'enseignement de M. Bourgeois nous a paru autoriser, sur certains points, quelques explications complémentaires, nous avons particulièrement étudié de près les théories de MM. Andler, Bouglé, Brunot, Darlu, Gide. Et nous avons achevé d'embrasser la

Dans ces divers ouvrages, on trouve solidement construite la doctrine de la Solidarité. Ce que l'on n'y peut pas trouver, c'est la doctrine de l'amour, indispensable complément et couronnement sublime de toute théorie solidariste.

Les deux domaines sont nettement distincts quoique destinés à composer le même ensemble : d'un côté la sphère du devoir social, de l'autre la sphère du renoncement. Après que nous avons payé à la Société la dette que nous avons contractée envers elle, il nous reste le privilège d'être généreux et de donner à autrui ce qu'il nous plaît de lui donner, sans qu'aucune loi ne nous y oblige, sinon la loi de l'amour.

Ainsi se développe notre individualité et se satisfait le besoin de sainteté, parcelle divine égarée en pleine faiblesse humaine. Ainsi se réalise, par le moyen de notre volonté, par l'exercice de notre liberté, dans l'imitation du Christ — l'Homme de Sacrifice — la communion directe avec Dieu, seule fin de l'Humanité.

première partie de notre sujet en essayant de réfuter, autant que nous l'avons pu, les économistes de l'*Académie des Sciences morales et politiques*.

PREMIÈRE PARTIE

CHAPITRE PREMIER

Y A-T-IL DETTE?

1. Le fait de la dette. — 2. La société est-elle une source naturelle ou une source volontaire de bienfaits? — 3. La vie est-elle un bienfait? — 4. L'universalité de la dette sociale. — 5. Les créanciers.

1. C'est un axiome que l'individu tire gratuitement du fonds social une certaine partie — la plus grande — de ce qui, matériellement et moralement, constitue sa personnalité[1] : « Avons-nous une idée, dit M. Alfred Fouillée, qui nous soit absolument propre et dont nous ne devions pas le germe aux générations qui nous ont précédés? Non, nous ne pouvons pas plus penser seuls que vivre seuls : toutes les intelligences humaines

1. Les développements que comporterait cette idée nous ont paru tellement abondants et commodes que nous avons préféré juxtaposer ici les déclarations de quelques sociologues autorisés et nous en tenir là.

sont solidaires; à travers le temps, à travers l'espace, elles se prêtent un mutuel appui. » *(Discours prononcé au Trocadéro en 1886.)* « Celui, dit encore M. Fouillée, qui a inventé la charrue travaille encore, invisible, à côté du laboureur. » *(Propriété sociale et démocratie,* p. 21.) — M. Léon Bourgeois a consacré une page admirable de son excellent petit livre *Solidarité* (p. 118-123) à la revue sommaire des principaux éléments de la dette sociale. Ce brillant morceau de littérature sociale a été transposé par M. d'Haussonville en une page de rigoureuse condensation : « L'homme fait partie, dit M. d'Haussonville après M. Bourgeois, qu'il le veuille ou non, d'une société dont il devient débiteur dès sa venue au monde par tout ce qu'elle a fait et préparé pour lui. Dette sa nourriture, chacun des aliments qu'il consommera était le fruit d'une longue culture. Dette son langage, car chacun des mots qui naîtront sur ses lèvres contient et exprime une somme d'idées que d'innombrables ancêtres y ont accumulée et fixée. Dettes et de quelle valeur! le livre et l'outil que l'école et l'atelier vont lui offrir. Dette à chaque pas qu'il fait sur une route construite à travers les marais et la montagne; dette à chaque tour de roue de la voiture, du wagon et de l'hélice; dette envers tous les morts qui ont laissé cet héritage; dette envers ceux dont la conscience a tiré sa race de l'état de violence et de haine et l'a conduite peu à peu vers l'état de paix et d'accord[1]. » *(Revue des Deux-Mondes,* 15 décembre 1900.) « Nul, dit M. Bouglé, ne peut se vanter d'avoir forgé seul une valeur quelconque. La Société lui fournit le fer et les marteaux, aussi bien qu'elle lui procure les commandes. En face de cet apport social, l'apport individuel est peu de chose[2]. » « Rechercher la part du travail individuel dans un produit social, dit M. Vandervelde, c'est, dans la majorité des cas, vouloir retrouver une aiguille dans une meule de foin[3]. » Et M. Sully Prudhomme a exprimé la vérité primordiale du solidarisme dans ces vers :

Le laboureur m'a dit en songe : Fais ton pain,
Je ne te nourris plus, gratte la terre et sème.
Le tisserand m'a dit : Fais tes habits toi-même.
Et le maçon m'a dit : Prends la truelle en main[4].
(Les Épreuves.)

1. Du fait que nous avons reçu, consciemment ou inconsciemment, un nombre considérable de dispositions et de tendances héréditaires, la responsabilité devient de moins en moins personnelle, de plus en plus sociale. « Il y a un abime, dit M. Léon Bourgeois, entre l'ancienne notion du *droit pénal*, qui voyait dans le coupable un responsable absolu, et la notion actuelle, qui voit en lui un responsable limité et qui cherche précisément à déterminer, pour chaque coupable, la mesure dans laquelle sa responsabilité est atténuée par l'action du milieu. » (*Essai d'une Philosophie de la Solidarité*, p. 39.)

Ces notions nouvelles admises dans le droit pénal expliquent la loi Bérenger, la conception actuelle de l'éducation correctionnelle, la tendance à relever plutôt qu'à punir le coupable.

2. Citons encore cette déclaration de l'apôtre Paul : « Qu'as-tu que tu n'aies reçu? » (I Cor. iv, 7.)

3. *La Démocratie devant la Science*, p. 269.

4. *Collectivisme*, p. 194.

2. Quelques sociologues, assimilant la Société à une *source naturelle*, prétendent que nous ne saurions avoir contracté de dette envers elle. Rembourse-t-on, disent-ils, au soleil sa lumière, à la source son eau? Est-il besoin de faire remarquer que le remboursement ne serait pas chose facile et qu'il serait, au surplus, parfaitement inutile?

Mais, au lieu que la nature est insensible à la reconnaissance humaine, la Société, personne civile, capable de posséder, a droit à la restitution des avances qu'elle a gracieusement consenties. Elle a multiplié ses prévenances autour du berceau de l'enfant, soutenu ses premiers pas dans la vie, sans le consulter, mais dans son intérêt. Elle aurait pu lui refuser ses services, tandis que le soleil ne refuse jamais sa lumière. La Société est une *source volontaire* de bienfaits.

3. On a contesté la valeur du premier des bienfaits accordés à l'homme, la vie. On a dit que, pour avoir reçu la vie, l'homme ne contractait pas une dette. « Il y a une immense quantité d'êtres vivants, de nos contemporains, affirme M. Buisson, qui prétendent que la vie n'est pas un bien, qui se plaignent de leurs ancêtres et de la Société, et du présent et du passé[1]. » La vie deviendrait ainsi une dette négative.

1. *Solidarité*. Compte rendu du Congrès d'Éducation sociale, 1900, p. 193.

Sur le même thème, M. d'Eichtal dit : « Nous ne choisissons pas nos aïeux. Ils nous ont légué non seulement la vie, dont quelques-uns des descendants se seraient peut-être volontiers passé, mais souvent des dispositions, des vices ou des infirmités héréditaires qu'il faudrait bien faire entrer en ligne de compte dans un calcul de doit et avoir[1]. »

Ces observations sont légitimes. Mais elles ne peuvent pas signifier que le fait de venir au monde soit un mal. Elles mettent en relief les conditions de misère et d'atavisme qui attendent de nombreux individus à leur naissance et les accompagnent généralement jusqu'à la fin d'une vie à peu près toujours également malheureuse. Qu'est-ce à dire, sinon qu'ils sont héritiers soit d'une époque, soit d'individus envers lesquels l'injustice s'est exercée et qui n'ont pas connu les bienfaits de la solidarité humaine. En maudissant la vie, telle qu'elle leur a été léguée par un âge injuste, les maltraités du sort condamnent un régime économique où la dette sociale n'a été ni payée, ni peut-être même reconnue. Ils doivent à leurs prédécesseurs, qui en ont souffert, de la reconnaître eux-mêmes, moins pour en souffrir que pour en tirer profit.

4. Il n'y aurait pas dette sociale pour tous.

MM. Frédéric Passy et Paul Leroy-Beaulieu,

1. *Académie des Sciences morales et politiques*, 1903, p. 168.

dans une discussion académique[1], ont prétendu que beaucoup d'hommes étaient plutôt les créanciers de la Société que ses débiteurs. Et ils rangent dans cette catégorie de créanciers tous ceux qui, « à des degrés divers, sont supérieurs au niveau moyen ». En somme, si nous avons bien compris la pensée de MM. Frédéric Passy et Leroy-Beaulieu, la moitié du genre humain, prodiguant régulièrement ses biens à l'autre moitié[2], se créerait des titres à sa reconnaissance en lui confiant un capital dont MM. Passy et Leroy-Beaulieu ne nous disent pas comment se paieront les intérêts. Cette moitié, privilégiée et créancière du genre humain, est constituée par les individus de « quatre élites » (les privilèges ont toujours

1. Elle nous a paru être doublement académique, la discussion qui s'est engagée à l'Académie des Sciences morales et politiques en juin 1903 et qui n'a pas été nettement concluante. Il s'agissait de commenter les principales affirmations émises par M. Charles Brunot dans une étude lue à l'Académie sur « *La Solidarité sociale comme principe des lois* ». L'étude de M. Brunot était la contre-partie d'un travail lu par M. Eugène d'Eichtal à l'Académie dans sa séance du du 20 septembre 1902 et qui avait pour titre : « *La Solidarité sociale et ses nouvelles formules.* » Ont pris part à la discussion soulevée par les conclusions de M. Brunot : MM. Frédéric Passy, Paul Leroy-Beaulieu, E. Levasseur, Albert Sorel, Clément Juglar, E. Cheysson, Eugène Rostand, Tarde, Glasson, René Stourm, tous illustres adversaires de la *Dette sociale*.

2. Cette autre moitié se composerait de tous ceux qui sont non seulement pauvres matériellement, mais aussi moralement et intellectuellement inférieurs. « Les déshérités, dit M. P. Leroy-Beaulieu, sont tous les gens qui n'ont pas su réussir. » Admirable charité de l'école libérale!

une hiérarchie) qui ont réalisé un progrès, par une invention personnelle, pour le profit exclusif de la Société. Tout industriel, tout commerçant, tout propriétaire, tout cultivateur qui, dans une sphère élevée ou modeste, a appliqué un procédé plus heureux, une combinaison plus efficace ou qui, simplement, a fait preuve dans son activité de plus de soin que les autres hommes exerçant le même métier, celui-là serait infiniment moins redevable à la Société que celle-ci ne lui est redevable à lui-même.

« Voilà un inventeur, dit M. Stourm, qui, par ses découvertes, enrichit le patrimoine national, et rien ne serait porté à son crédit[1] ! ».

Non seulement, puisqu'il y a compte, on ne peut refuser de remplir largement pour lui la colonne du crédit, mais sa dette même doit être considérablement réduite. Car si la Société lui a procuré un niveau de connaissances générales perfectionnées, que d'obstacles de toute nature ne lui a-t-elle pas opposés? — Telle est l'opinion des économistes.

A notre avis, le plus illustre inventeur, mettant en balance ce qu'il donne à l'humanité et ce que celle-ci lui a donné, ne verrait pas le plateau pencher de son côté. L'inventeur tient sans aucun doute de ses ancêtres le génie de l'invention qui a trouvé en son cerveau son expression achevée.

1. *Académie des Sciences morales et politiques*, 1903, p. 131.

Parce qu'il a légèrement accru le capital de la civilisation, il ne serait pas capable de le rembourser entièrement. La fraction infinitésimale de capital ajouté au capital légué ne saurait, sans dérision, être tenue comme plus importante que le capital lui-même.

5. Il n'y aurait pas de dette parce qu'il n'y a pas de créanciers. Nous avons reçu de nos ancêtres d'immenses richesses matérielles et intellectuelles. C'est envers eux que logiquement nous sommes débiteurs. Mais comment acquitter la dette, puisque les créanciers sont morts? Ne devant qu'aux morts, cela signifie que nous ne devons rien à personne. « Je suis débiteur, dit M. Malapert, d'un créancier mort sans héritiers; car où sont les ayants droit de l'inventeur de la charrue et du langage[1]? »

C'est ici qu'intervient la théorie du *quasi-contrat social.*

1. *Essai d'une philosophie de la solidarité*, p. 105.

CHAPITRE II

LE QUASI-CONTRAT SOCIAL

1. Justice et contrat. — 2. La thèse de Rousseau. — 3. Le quasi-contrat. — 4. Le quasi-contrat privé. — 5. Droit privé et droit public. — 6. La matière du quasi-contrat social. — 7. Adhésion volontaire aux clauses du quasi-contrat.

1. La dette des vivants vis-à-vis des morts est très inégale. Les uns ont été favorisés par l'héritage, par l'éducation, par la situation de leurs parents. Les autres sont dénués de tous les biens et n'ont hérité que de leurs misères. Or, l'instinct de *justice* qui est en nous, après avoir constaté cette solidarité des hommes dans l'injustice, cette inégalité de biens au profit des uns et au détriment des autres, voudrait redresser cette inégalité sociale, cette injuste solidarité[1]. L'homme

1. La justice sociale ne consiste pas seulement à *établir* entre les hommes un régime d'égalité pour l'avenir, sans tenir compte des inégalités créées par le passé, mais à détruire d'abord ces inégalités et à *rétablir* en vue de l'avenir l'égalité existant en principe au début de la vie sociale.

désire ardemment la justice, il veut que son bonheur corresponde à son mérite et que ses semblables, s'ils en sont dignes, soient traités de la même façon.

D'autre part, il s'est établi entre les membres de la Société un contrat, — dont nous étudions plus loin l'exacte nature — qui règle l'échange des services sociaux. Il n'y a d'échange valable que si l'on reconnaît à tous les contractants, c'est-à-dire à tous les hommes, une égale valeur sociale et que si celle-ci est respectée. Comme l'impartialité fait un devoir de constater l'inégale répartition des charges et des avantages sociaux, par conséquent une inégale valeur sociale, au nom de la justice on se portera au secours des déshérités, on paiera aux contemporains malheureux la dette contractée vis-à-vis de leurs ancêtres. Et comme chacun, parmi nous, a hérité de quelque chose, les maltraités du sort ont reçu en partage des créances, dont la principale qualité consiste à rester impayées jusqu'à présent.

2. Toute la difficulté est d'établir l'existence du contrat qui, plaçant les hommes dans les liens de la solidarité, les oblige, s'ils veulent réaliser la justice, à payer leurs dettes à leurs co-contractants.

Nous n'admettons pas la théorie du *contrat social*, telle que Jean-Jacques Rousseau l'a formulée. L'humanité primitive n'a pu vraisemblablement débattre les conditions de l'échange qui devait régler, dans la suite, la solidarité des services entre les individus[1]. C'est une opération délicate que la répartition des profits et des pertes, des avantages et des charges dans la Société. Elle n'a pu correspondre aux premiers âges de civilisation rudimentaire.

Il n'en faut pas moins être reconnaissant à Rousseau d'avoir fait entrer dans la conscience contemporaine cette idée capitale que la Société doit être une association organisée, destinée à corriger les déplorables conséquences de la solidarité naturelle.

3. Le fait est donc là d'une association établie entre les hommes, sans laquelle la vie de chacun deviendrait, à tous les points de vue, impossible. Cette association a existé de tout temps. Les progrès de la civilisation n'auraient pas été possibles sans elle. Seulement, comme cette association est antérieure à la naissance des hommes, il ne peut pas être question d'un contrat débattu et signé par eux. Ils agissent comme s'ils avaient donné leur consentement préalable aux arrangements conclus. Ils sont soumis à des obligations qui,

1. En naissant, nous nous trouvons en présence de la solidarité fait acquis. Nous pouvons bien, par un consentement rétroactif, ratifier cette solidarité, mais nous ne pouvons empêcher qu'elle ne soit. Rien ne sert de la discuter, comme l'imaginait J.-J. Rousseau. Il faut l'admettre.

pour n'être pas juridiquement consenties, lient cependant comme des contrats. Les Romains disaient que ces obligations naissent de la nature des choses, de l'utilité ou de l'équité. Ils auraient pu ajouter qu'elles naissent aussi de la solidarité bien comprise. Elles constituent, par leur ensemble, ce que l'on est convenu d'appeler le *quasi-contrat social.*

4. Il est intéressant et même nécessaire d'établir une relation entre le *quasi-contrat social* et le *quasi-contrat privé.* Le droit romain avait déterminé certains engagements qui se forment sans qu'il intervienne aucune convention, ni de la part de celui qui s'oblige, ni de la part de celui envers qui il est obligé. *(Code civil,* art. 1370.) La loi appelle ces engagements des quasi-contrats. En voici quelques exemples : 1° Le tuteur contracte pour le pupille, dont le consentement n'est ni légalement efficace ni peut-être matériellement exprimable, des engagements qui lieront le pupille émancipé. 2° Un homme, en acceptant une succession, consent, par le fait même, à l'acquittement des dettes qui la grèvent[1]. 3° Des hommes préposés à la gestion des affaires d'autrui

1. Ces deux derniers cas sont empruntés à Justinien. M. Charles Andler remarque qu'ils ne figurent plus dans l'énumération des *quasi-contrats* modernes, étant réglés par la loi et ne dépendant plus du seul vouloir licite des individus. (Cf. *Revue de métaphysique et de morale,* juillet 1897.)

(un capitaine de navire, un régisseur de fabrique, le comité directeur d'une société par actions) ont besoin de prendre, même sans mandat précis, des engagements qui lieront leurs maîtres. 4° Si des hommes possèdent en commun, la délibération des propriétaires présents à la réunion convoquée engage les absents. 5° Si une somme a été payée indûment, il naît *ipso facto* entre celui qui a payé par erreur et celui qui, par erreur ou sciemment, a reçu, une obligation qui autorise la répétition de l'indû.

On peut réduire ces cinq cas[1] aux deux suivants : la gestion d'affaires et la répétition de l'indû. Le Code prescrit la restitution de l'indû. Il est clair que s'il le retient sciemment, l'homme commet un délit et que s'il le retient par erreur, il commet un quasi-délit. Reste donc la gestion d'affaires. C'est le fait d'une personne qui gère sans mandat l'affaire d'une autre personne, soit que cette dernière connaisse la gestion, soit qu'elle l'ignore. Il résulte, de ce fait, certaines obligations pour le gérant d'une part (par exemple, l'obligation de continuer la gestion lorsque le maître de l'affaire meurt, jusqu'à ce que l'héritier puisse en prendre la direction) et pour le maître de l'affaire d'autre part (par exemple, celle de remplir les engagements que le gérant a con-

1. Demolombe déclare infini le nombre des obligations qui naissent sans convention.

tractés en son nom). Soit encore l'acte d'un voisin obligeant qui répare à ses frais, en votre absence, votre maison lorsqu'elle menace ruine. Voilà le fait juridique du quasi-contrat.

M. Darlu nie qu'il s'agisse de quasi-contrat. Les engagements énumérés précédemment dériveraient soit de la loi, s'ils sont d'ordre positif, soit de la nature des choses, s'ils sont d'ordre moral. C'est ce que conteste M. Andler : A chaque instant, d'après lui, nous contractons des dettes sans le savoir, sans l'intervention expresse de la loi. Et, d'après M. Bourgeois, on peut devenir, à tout moment, débiteur d'une ou plusieurs personnes, sans que se produise la ferme volonté de rendre et de recevoir un service sous la condition de la réciprocité.

5. Une autre objection à la thèse du quasi-contrat social consiste à dire que les principes du droit privé ne sont pas applicables au droit public.

Sans doute, les deux branches du droit sont distinctes, mais elles n'en appartiennent pas moins au même arbre. « Il n'y a pas deux justices, dit M. Brunot, il n'y a pas deux droits étrangers l'un à l'autre, dont le premier serait le monopole exclusif des sociétés, le second, le domaine privilégié des individus[1]. »

1. *La solidarité sociale comme principe des lois* (Académie des sciences morales et politiques, 2e semestre 1903), p. 329.

« Toute question de droit politique ou public, dit M. Fouillée, ne se résout-elle pas pour chacun en une question de droit personnel qui intéresse à la fois la fortune, la propriété, la liberté de chaque citoyen[1]? »

« Il faut savoir, dit M. Saleilles, si, entre le droit public et le droit privé subsiste la séparation infranchissable que l'on avait établie jusqu'alors, ou s'il n'y aurait pas plutôt deux faces distinctes d'un fait unique, celui de la solidarité sociale, condition et résultante tout à la fois de la vie en société[2]. » Et M. Charles Andler s'écrie, à propos de la théorie du quasi-contrat social : « La distinction vient de tomber entre le droit public et le droit privé[3]. »

6. Quelle est la matière du quasi-contrat social? Un entrelacement de quasi-contrats, dont voici les deux principaux :

1° La division du travail qui n'est autre chose qu'une gestion permanente des affaires de tous par quelques-uns. (Code civil, art. 1372 à 1375.)

1. *Science sociale contemporaine*, p. 22.

2. *Revue politique et parlementaire*, 10 avril 1903, p. 118.

3. *Revue de métaphysique et morale*, juillet 1897, p. 520. — Plus loin, M. Andler écrit : « La doctrine qui efface cette distinction, par cela seul qu'elle réclame le contrôle de tous sur le bénéfice que chacun retire de l'association humaine, n'est pas autre chose que ce qu'en langue vulgaire on désigne du nom de *socialisme*... Toutefois ce serait un socialisme d'une certaine manière, un socialisme libéral. »

Il y a donc pour chaque homme dette envers tous les hommes vivants, à raison et dans la mesure du service que tous lui rendent par le travail qu'ils lui fournissent. Cet échange de services est la matière du quasi-contrat d'association qui lie tous les hommes, et la loi sociale n'a pas d'autre objet que de déterminer l'équitable répartition des services échangés, c'est-à-dire des profits et des charges[1]. Dans cet échange, des classes entières d'hommes paient des dettes qui ne sont pas dues, par exemple, les prix factices résultant d'une spéculation. Ce dernier cas ne réalise-t-il pas le type achevé du quasi-contrat, puisqu'il implique le remboursement de l'indû?

2° Indivision. Sur le domaine national, les citoyens se trouvent dans le même état que des héritiers sur une succession indivise. Chaque citoyen possède en commun les établissements publics, les forêts domaniales et communales, ainsi que le patrimoine historique de la nation.

Les commentateurs du Code citent d'autres exemples. Il nous suffit de les faire servir à cette conclusion : La solidarité sociale n'est pas *un* quasi-contrat, mais *le* quasi-contrat par excellence. Ce n'est pas seulement ce que les juristes nomment un quasi-contrat, comme quand quelqu'un paie par erreur la somme due par un autre : « C'est un contrat réel dont « le signe juridique »

1. Cf. *Solidarité*, p. 138.

est l'action au lieu d'être une parole ou une signature[1]. »

7. Si l'origine du quasi-contrat social est antérieure à la naissance de chacun de nous, il nous appartient toutefois de ratifier les clauses du quasi-contrat par notre adhésion. Celle-ci est tacite, sans doute, mais volontaire. Parce que nous ne protestons pas contre l'ensemble des lois qui nous régissent, on est bien forcé de conclure que nous les acceptons. On sait bien désapprouver publiquement celles qui ne plaisent pas[2].

Du reste, les lois du pays s'appliquant à trois sortes d'individus : étrangers, étrangers naturalisés, indigènes, voici les trois espèces de situations obtenues : 1° Les lois de police et de sûreté obligent tous ceux qui habitent le territoire. Les immeubles même possédés par des étrangers sont régis par la loi française (article 3 du Code civil); 2° L'étranger naturalisé doit adhérer aux lois par un consentement explicite et contractuel; 3° L'indigène, lui, ne fournit aucune adhésion formelle aux lois. Qui supposera qu'elles font peser sur lui une tyrannie quelconque?

Ce qui s'applique à la nation s'applique à la Société : elle dure, de par la volonté de ceux qui

1. A. Fouillée, *Science sociale contemporaine*, 1880, p. 11.

2. On voudra bien reconnaître que cette constatation est l'actualité même.

la composent[1], par leur adhésion implicite. Le consentement explicite est impossible à établir d'une manière continue et n'assurerait pas plus de liberté, du reste, que l'adhésion implicite. Dans certains cas, il en a assuré beaucoup moins[2]. Le citoyen est toujours libre, d'ailleurs, de démissionner de la Société où il vit pour aller vivre dans une autre. « S'il est vrai, dit M. Charles Gide, qu'on ne nous demande pas notre avis, quand nous naissons, pour nous déclarer citoyen de tel ou tel État, nous pouvons toujours plus tard, si nous le voulons, en sortir en nous faisant naturaliser citoyen d'un autre État[3]. »

M. Albert Sorel n'est pas de cet avis. S'il doit à la loi régulièrement établie sa soumission, il ne lui doit pas son consentement. Dans les pays libres, il n'y a pas de consentement tacite; les citoyens nomment le législateur; le législateur fait la loi et la défait. Il y aurait pour celui qui voudrait imposer sa loi cette tentation de dire :

1. Encore qu'ils n'aient point contracté directement et personnellement pour l'établissement des règles sociales, les membres d'une société donnée ont retiré, par leurs ancêtres et ensuite par eux-mêmes, une telle part des avantages sociaux que leur acceptation, leur consentement semblent à bon droit impliqués, leur signature apposée pour ainsi dire avant qu'ils aient eu le temps et l'âge d'y penser. » (Renouvier, *Science de la morale.*)

2. Le plébiscite de 1870 — consentement explicite — a ratifié publiquement le second Empire. La liberté n'a pas, pour cela, trouvé son compte.

3. *Essai d'une philosophie de la solidarité*, p. 224.

« Quand je voudrai le consentement, je ferai le silence », et de le faire, par la force[1].

D'après M. Glasson, nous naissons dans la Société bon gré, mal gré. Il ne faut pas dire que nous sommes libres de faire partie de la Société ou de nous en retirer. « Entendons-nous bien! On change de nationalité, mais ici il s'agit de la Société! On ne peut pas changer de Société; il n'est pas sérieux de dire que nous pouvons nous retirer dans une île déserte[2]. »

M. Glasson persiste à dire qu'on ne peut pas changer de Société. La question peut-elle se poser ainsi? Dans l'état actuel de la civilisation, qu'est-ce que vivre en Société, sinon vivre dans un pays déterminé? Il est paradoxal de mettre dans la bouche des partisans de la dette sociale cette affirmation qu'on peut changer de Société, en donnant à ce terme son sens général. La Société, c'est la nation où l'on est né. Il nous suffit que M. Glasson reconnaisse qu'on peut la quitter, si les stipulations du quasi-contrat social paraissent inacceptables. Nous sommes d'accord avec lui.

1. Discussion à l'*Académie des Sciences morales et politiques*, 2e semestre 1903, p. 392.

2. *Ibid.*, p. 428.

CHAPITRE III

DÉTERMINATION DE LA DETTE

1. Créanciers et Débiteurs. — 2. Mutualisation. Difficulté de répartition pour le passé. — 3. Difficulté de répartition en vue de l'avenir. — 4. Le paiement de la Dette.

1. La théorie du quasi-contrat social ainsi établie nous permet de répondre à la question de la fin du chapitre premier : Nos créanciers sont-ils morts sans héritiers[1]? Non, leurs héritiers ce sont tous ceux qui gémissent sous le poids de la solidarité de fait et que la solidarité, rectifiée par la justice, rétablira dans leurs droits, dans tous leurs droits.

Le quasi-contrat social ne saurait modifier les inégalités naturelles; mais il abolit les inégalités sociales en instituant entre les contractants, qui

1. Pour compléter la démonstration tentée dans le chapitre précédent, voici une analogie qui nous a paru concluante : Nous ne devons qu'aux morts, déclarent les économistes. Que le père de l'un de ceux-ci vienne à mourir demain. Ses débiteurs diront-ils : Notre créancier est mort, notre dette est éteinte. L'économiste héritier de son père ne trouverait-il pas la plaisanterie mauvaise?

sont tous les hommes, l'égalité de valeur sociale. Le présent, héritier d'un passé injuste, nous montre que la prescription élémentaire du quasi-contrat social est loin d'être observée et que l'injustice règne. Il faut rétablir la justice. Ceux dont la prospérité est faite des injustices passées doivent s'attacher à payer la dette que leurs ancêtres avaient contractée à l'égard des contemporains et transmise aux générations. Les ancêtres des malheureux ont été spoliés par les ancêtres des riches. Ceux-ci ne peuvent pas matériellement rembourser aux créanciers originels la dette contractée dans l'injustice. Pour que le remboursement s'opère dans la justice, il n'y a qu'à le faire vis-à-vis de ceux qui souffrent, héréditairement, de la spoliation. Ainsi, dans la Société, les uns doivent payer, les autres recevoir. Il doit se produire un redressement de comptes. Celui qui a reçu le capital et l'instruction, qui loue, par conséquent, et emploie l'outillage social dans une proportion considérable, celui-là doit céder à ceux qui vivent pauvrement la part d'outillage social à laquelle ils ont un droit, équivalent au droit du privilégié, et qui leur permettra de faire fructifier leur effort.

2. De quoi sommes-nous exactement débiteurs? La dette resterait dans « une indétermination complète », et voilà, d'après M. d'Eichtal[1], un grief nouveau à l'adresse de la doctrine.

1. *Op. cit.*, p. 168.

« Pour être vraiment une *dette*, ne faut-il pas que la dette soit mesurable? » déclare M. Buisson. « Ne faut-il pas savoir combien on a à rembourser[1]? »

Il est matériellement impossible de mesurer la dette sociale. Il est déjà très difficile de déterminer exactement les conditions d'un contrat de travail passé entre un patron et un ouvrier. Lorsque le contrat est établi, non plus entre deux individus, mais entre un individu, d'une part, et des milliers d'autres individus, d'autre part, on comprend que la difficulté de la détermination s'accroisse en raison directe de la complication de l'échange[2].

C'est vis-à-vis de l'ensemble que les débiteurs doivent se libérer. C'est également de l'ensemble que les créanciers attendent le paiement de leurs créances. Dettes et créances sont ainsi mutualisées et leur destination est impersonnelle. Ce qui reste personnellement déterminé, c'est la répartition des hommes en deux grandes classes : celle des gens qui ont payé la dette dans le passé, par l'organe de leurs ancêtres et qui sont les créanciers de l'heure actuelle[3]; celle des gens qui

1. Congrès d'éducation sociale. Cf. *Solidarité*, appendices, p. 194.

2. « Nous savons que tous se tiennent et que tout se mêle et que, dans ce perpétuel échange d'influences qui constitue la vie, rien n'est plus malaisé que de démêler ce qu'apporte et ce que reçoit chacun, de fixer sa créance et sa dette. » (C. Bouglé, *La Démocratie devant la Science*, p. 270.)

3. Dans cette classe, nous rangeons tous ceux qui ne possèdent que

se sont endettés, par l'intermédiaire des générations précédentes et qui sont, par juste conséquence, les débiteurs du moment.

3. Indépendamment de la difficulté insurmontable de la répartition personnelle, la mutualisation est rendue nécessaire par la préoccupation de l'avenir qui peut modifier, dans un sens imprévu, la charge des uns et le droit des autres.

Qui peut escompter, en effet, avec exactitude dans quelle mesure et à quel moment tel ou tel sera atteint par la maladie ou par la vieillesse, par les accidents du travail ou par le chômage? Nous sommes tous également exposés à ces risques. Par suite des crises produites par leur irruption, tel peut devenir créancier qui était débiteur et *vice versa*. Il en est de même pour les avantages. Les fluctuations du commerce et de l'industrie, de l'échange en général, peuvent enrichir subitement tel ou tel, redevable de sa fortune moins à son effort personnel qu'à d'heureuses circonstances.

Les sociétés de secours mutuels réalisent cette

leurs bras. Outil ou livre, ces dettes élémentaires, des gens n'ont jamais pu les posséder. Le livre leur a été arraché des mains avant qu'ils aient pu le lire jusqu'au bout. L'outil est devenu machine : il est hors de leur atteinte. La solidarité sociale appliquée leur en restituera l'usage. — Dans cette classe, nous rangeons aussi la masse des faibles qu'un darwinisme social impitoyable voudrait écarter de la vie. Refuser de secourir l'infirme ou le vieillard, c'est n'accepter que l'avantage de l'association humaine et en rejeter tout le risque.

mutualisation des risques et des avantages : la Société ne devrait être qu'une vaste société de secours mutuels, dont chaque membre, certain de ne pas succomber sous son infortune, s'appuierait sur la prospérité d'autrui pour ne pas déchoir matériellement.

Ce serait une œuvre vaine que de viser, à travers l'équivalence des services rendus et reçus, au nivellement absolu des conditions de la vie : il suffit d'ouvrir indistinctement à tous l'accès des avantages sociaux et de les prémunir tous non moins indistinctement contre les risques. A ce résultat déjà considérable doit se borner la tâche d'égalisation sociale.

4. De quelle façon s'opèrera le paiement de la dette? « Par la contribution équitable de chacun dans l'ensemble des institutions de solidarité[1]. »

Il n'entre pas dans notre pensée d'énumérer en détail toutes les œuvres de solidarité sociale susceptibles d'être fortifiées par les cotisations individuelles. Qu'il nous suffise de les ranger sous quelques chefs principaux : Assistance, Retraites, Assurances.

D'autre part, chacun devra-t-il fournir la même contribution pour retirer le même bénéfice dans la mutualisation de la dette sociale? La répartition

1. Compte rendu de la séance du *Congrès d'Éducation sociale* du 27 septembre 1900. Cf. *Solidarité*, p. 200.

individuelle nous a paru trop délicate et d'une difficulté matérielle trop évidente pour que nous puissions estimer qu'il y aura autant de chiffres différents que de contribuables à la caisse de solidarité sociale. Cependant, ce serait aller contre le but même recherché par la doctrine, que de faire payer la dette, en si minime portion que l'on voudra, à ceux qui restent les créanciers de la Société, et de faire payer une forte contribution à ceux qui ne sont débiteurs que d'imperceptibles bienfaits[1].

Il est donc nécessaire d'établir des classes parmi les débiteurs, mais non parmi les créanciers qui formeront une catégorie unique. Il est bien évident que la classification des débiteurs ne s'opèrera pas dans des conditions d'exactitude parfaite. Que l'on déplore ces moyens imparfaits de réaliser la justice. L'essentiel est qu'un peu de justice soit enfin substitué à l'accumulation d'injustice que tout le passé nous a léguée et que nous avons le devoir de ne pas léguer à l'avenir.

1. « La dette sociale contractée par l'individu est proportionnelle, ou progressive, si vous préférez, selon la situation de l'individu dans la collectivité; par conséquent, celui qui possède aura naturellement une dette beaucoup plus lourde que celui qui n'a rien. » (Gouffé, *Congrès d'Éducation sociale*, séance du 27 septembre 1900. Cf. *Solidarité*, p. 211.) — Évidemment, celui qui n'a rien n'a pas de dette à payer.

CHAPITRE IV

LA SANCTION

1. Sanction légale. — 2. Le rôle de l'État. — 3. Solidarisme et socialisme. — 4. Obligation juridique et devoir moral.

1. Le législateur a le droit de sanctionner le quasi-contrat privé. Ce droit doit être conféré au quasi-contrat social.

Il serait évidemment préférable d'accomplir le devoir de solidarité sociale sans y être contraint. Un aussi grand et un aussi beau devoir devrait être accompli avec joie. L'éducation sociale de la conscience n'est pas achevée; elle est à peine inaugurée : la loi remplacera la conscience jusqu'au jour où celle-ci trouvera dans la loi l'expression de la justice.

Car il arrivera que ceux qui se jugeront les plus forts débiteurs seront les plus mauvais payeurs.

Respectera-t-on leur prétendue indépendance ou, pour être franc, leur égoïsme? Ne faut-il pas que justice soit? Ne faut-il pas que la loi, délibérée et votée dans les formes, soit mise à exécution?

Nous n'avons pas encore atteint cet âge où, selon la parole de Le Play, « la contrainte morale qui vient de la conscience sera plus efficace que la contrainte légale exercée par les autorités sociales[1] ». « Mettons l'initiative spontanée, a dit M. Aucoc, à l'avant-garde, mais gardons la sanction légale en réserve à l'arrière-garde[2]. »

2. Qui obligera au paiement de la dette? Les hommes en Société sont constitués comme une *société d'actionnaires*. Celle-ci choisit un conseil d'administration, qui a tous les pouvoirs en main et en use au mieux des intérêts de tous et de chacun. S'il agit apparemment quelquefois en opposition avec un intérêt individuel, il agit en réalité en faveur de l'intérêt général.

Ainsi le *gouvernement* représente tous les citoyens. Sans doute nous n'avons pas installé ce gérant dans les affaires du pays. Il peut avoir pris possession du pouvoir à la faveur d'un coup de force, par le moyen d'une révolution.

Peu importe : Dès l'instant que nous profitons de sa gestion, nous le reconnaissons comme l'exécuteur du quasi-contrat social. Nous ne protestons pas contre la levée des impôts, assurée, au besoin par la coercition. Pourquoi proteste-

1. *Organisation du travail*, p. 35.
2. Compte-rendu de l'*Académie des Sciences morales et politiques*, 1886, p. 579.

rions-nous contre l'action du gouvernement chargé de faire payer la contribution de solidarité sociale?

Il va sans dire qu'il ne peut pas s'agir d'un ministère représentant un certain parti, administrant la fortune publique au bénéfice de ce parti et au détriment des autres. Le ministère ou l'organe du gouvernement, quel qu'il soit, est ici le mandataire du total numérique des citoyens. C'est par devers cet ensemble complet que le pouvoir exécutif doit rendre compte de son mandat.

On dira : La puissance de l'État reçoit une nouvelle extension. C'est une erreur. C'est le domaine des contrats qui s'élargit, s'augmente et se couronne du plus important d'entre eux, le quasi-contrat social. L'extension du domaine des contrats est considérée, d'ailleurs, comme un progrès, comme le signe de l'ascension sociale d'un peuple. Le rôle de l'État ne grandit pas, il se complique. C'est le nombre et non pas la qualité de ses attributions qui croît.

3. M. Cheysson craint que l'omnipotence de l'État ne se trouve fortifiée de cet accroissement de compétence : « Du moment, dit-il, que nous vivons tous sous une dépendance réciproque... l'État doit avoir, en bonne justice, le droit d'exercer un contrôle sur la conduite des citoyens pour les empêcher de dilapider une partie du patrimoine commun et de tomber à la charge du

public... La Société... s'ingérera donc dans la vie privée des ivrognes, des paresseux, des débauchés, des oisifs, des indisciplinés, des vagabonds pour les contraindre au travail et à la sobriété, au besoin sous la menace de sanctions d'une extrême rigueur... Si l'État se charge de ma nourriture, j'ai grandement à craindre qu'il ne soit tenté de m'asservir[1]. »

Pour les besoins de sa cause, M. Cheysson exagère : l'État n'est pas disposé à se charger de ma nourriture, pas même l'État collectiviste, moins encore l'État solidariste. Seulement, il me permettra de la gagner plus facilement qu'au temps où le paiement de la dette sociale n'était pas effectué. La différence en vaut la peine.

Au fond, c'est la crainte générale des économistes que la théorie de la dette sociale n'aboutisse au collectivisme : Le socialisme, d'après M. Levasseur, considérerait le solidarisme « comme un précurseur, un intermédiaire, une transition qui l'achemine lui-même vers sa fin propre[2] ».

D'après M. d'Eichtal, le solidarisme conduirait vite à un « socialisme avancé proche lui-même et avant-goût du collectivisme ».

M. Bouglé semble lui donner raison. Le savant

1. Discussion de l'*Académie des Sciences morales et politiques*, 2e semestre 1903, p. 415.
2. *Ibid.*, p. 389.

professeur de philosophie sociale déclare que le solidarisme, consentant à la plupart des mesures propres à rétablir l'équilibre entre déshérités et privilégiés, se trouve sur la pente du socialisme. Et M. La Fontaine, dans une conférence donnée à l'École des Hautes Études sociales, estime que la solidarité est l'idéal du socialisme et celui-ci la politique de la solidarité.

Entre le solidarisme et le socialisme, des différences subsistent : Le socialisme poursuit un but positif : la jouissance « maxima »; le solidarisme se borne à un rôle négatif : l'assurance contre les risques sociaux.

Le socialisme travaille à l'établissement d'une justice définitivement organisatrice. Le solidarisme prépare une justice réparatrice[1].

Le socialisme désire supprimer la propriété et la liberté économiques[2]. Le solidarisme se borne à les rectifier, à les débarrasser de tout ce qui peut les compromettre aux yeux de l'homme juste. La dette sociale une fois acquittée, l'individu est libéré de la charge qui pesait sur lui. Il a rendu à la collectivité tout ce qui appartenait en droit à celle-ci et tout ce que lui-même détenait en fait indûment. Ce qui lui reste est sa propriété

1. Cf. A. Fouillée, *La Science sociale contemporaine* : le chapitre sur la Justice réparative.

2. Cf. Bouglé, *L'Évolution du Solidarisme*, p. 21. Détermine la liberté au sens solidariste, par opposition à la liberté des économistes.

authentique et désormais il a l'entière liberté d'en disposer à son gré et de l'agrandir[1].

4. Le grief capital adressé à la théorie de la dette sociale, c'est qu'elle substitue l'obligation juridique au simple devoir moral.

Les économistes de l'Académie estiment que c'est aller trop loin, et M. Buisson pense que c'est rétrograder. « La substitution, dit-il, du mot dette au mot devoir me paraît être une reculade. *Devoir* est beaucoup plus clair et plus vrai que *dette*[2]. » Car il n'est pas possible de mesurer la dette.

Mais ce n'est pas parce qu'on ne peut faire le compte d'une dette qu'elle n'existe pas juridiquement; chaque jour, les tribunaux décident de la validité d'une créance et renvoient à une date ultérieure pour en fixer le montant.

Le terme de *devoir* concerne la morale. Le terme de *dette*, appartenant à la langue du droit, convient infiniment mieux à la théorie juridique du quasi-contrat.

« Les adeptes du *devoir social*, déclare

1. Le paiement de la dette sociale est le rachat de la part de liberté et de la part de propriété prélevées sur le fonds social. Dès que ces deux parts sont payées, dès que la dette sociale est acquittée, nous sommes redevenus libres et propriétaires, nous recouvrons l'usage total de notre initiative. Le collectivisme, au contraire, entend bien ne jamais nous le restituer.

2. *Solidarité*, p. 209.

M. Cheysson[1], s'ils répudient la dette légale, proclament la dette morale vis-à-vis des vieillards, des infirmes qui sont dénués de ressources et ne peuvent compter sur le secours de la famille ou de la bienfaisance. » M. Eugène Rostand croit apercevoir sous le vocable de *dette* la tendance à « 1° universaliser, 2° rendre obligatoires par la contrainte légale des devoirs moraux[2] ».

Le sens du mot « devoir » est trop général pour servir de base à toute la législation sociale. Le terme de dette sociale sert, au contraire, à déterminer et à définir les obligations de chacun vis-à-vis des autres. Jusqu'à présent, on a prêché avec instance le devoir d'assister les malheureux. A quels résultats a-t-on abouti? A la création de quelques œuvres qui ont reçu inexactement le nom d'œuvres de charité et devraient s'appeler, en réalité, « œuvres de solidarité sociale ». Grâce à la théorie du devoir moral, dépouillée de tout élément juridique, c'est-à-dire de tout élément pratiquement efficace, on a considéré l'ordinaire comme l'extraordinaire. La théorie de la dette sociale rend obligatoire ce qui était jusqu'à maintenant facultatif. Ce qui était particulièrement méritoire devient à ses yeux de la plus élémentaire nécessité. Elle fait descendre d'un cran l'état

1. Compte rendu de l'*Académie des Sciences morales et politiques*, p. 416.
2. *Ibid.*, p. 420.

de choses actuel et nous apprend à fixer les yeux encore plus haut : elle nous fait envisager autrement les conditions de la vie sociale, devenues plus rigoureuses pour ceux qui en ont profité et plus agréables pour ceux qui en ont souffert. C'est une revanche des classes qu'elle prépare, avec le bouclier de la loi.

Le terme de devoir est cependant trop beau pour qu'on l'abandonne définitivement. Il a cédé sa place à la dette sociale. Mais au-dessus d'elle, la zône du dévouement gratuit lui appartient. Là, le devoir reste lui-même, indéterminé[1], mais accessible à la compréhension des nobles âmes. Il nous permet ainsi de proclamer, après la nécessité et l'urgence de la solidarité réalisée dans la justice, son incapacité à remplir tout le cœur humain. La place est encore vaste. Après que l'homme a fait valoir ses droits, Dieu[2] peut encore revendiquer les siens.

1. La charge sociale reconnue et acquittée, l'homme devient libre. Il est maître de toute son action, puisqu'il dispose de toute sa liberté.

2. Les droits de Dieu et les droits du prochain correspondent à l'amour de Dieu et à l'amour du prochain, réductibles à l'unique commandement de l'amour.

DEUXIÈME PARTIE

SACRIFICE

1. Supériorité morale du sacrifice. — 2. Le sacrifice ne serait pas supérieur à la morale de la solidarité, il serait autre. — 3. Le sacrifice complément logique de la morale solidariste. — 4. Le christianisme, doctrine du sacrifice, reconnait le fait de la dette sociale. — 5. Quelques caractères du sacrifice. — 6. Le sacrifice en dehors de la morale chrétienne. — 7. Le sacrifice au sens chrétien. — 8. Parallèle d'ensemble entre la dette sociale et le sacrifice.

1. Les obligations créées par la dette sociale sont des obligations humaines, mais elles ne représentent pas tous les devoirs de l'homme. Il y en a d'autres, dépourvus de tout caractère de nécessité juridique, mais non moins utiles au libre développement de la personnalité humaine. Grâce à eux, nous sortons du domaine légal pour entrer dans le domaine du facultatif et du surérogatoire, dans la sphère de l'initiative et de la liberté[1].

1. M. Georges Goyau dit en substance : Les néo-chrétiens et les philosophes de la solidarité sont, chacun à leur façon, des apôtres du

Le grand bienfait de la dette sociale acquittée est de nous permettre le déploiement volontaire de nos efforts personnels et de nos énergies propres[1]. Esclaves jusque-là de la formule sociale imposée par la grande solidarité humaine, il nous faut prendre garde à la solidarité qui nous relie à Dieu et qui crée, pour nous, à ses yeux, de nouveaux motifs d'activité morale. Nous laissons à la terre le mot *dette* et le *devoir* nous emporte vers les régions célestes du sacrifice.

« Un soir, dit M. Darlu, dans une réunion d'amis, comme on discutait le système des droits égaux et des devoirs contractuels, un assistant, mort depuis, le très regretté Sabatier[2], l'auteur de

devoir social. Seulement, les premiers tolstoïsants concilient mal leurs aspirations « sociales » avec leur philosophie individualiste et anarchique, et les docteurs de la solidarité sont obligés de s'en tenir à l'obligation, plus ou moins acceptée des hommes.

Au tolstoïsme, il manque l'idée d'organisation sociale; aux philosophes de la solidarité, il manque la notion de la fraternité humaine. (Cf. *Le pape Léon XIII*, 1903, p. 23 et suiv.)

L'idée de *sacrifice*, superposée à l'idée de *dette sociale*, nous semble établir l'harmonie des deux doctrines.

1. A l'École des Hautes Études Sociales (Discussion sur la Solidarité) un assistant dit : « L'idée du rachat de la dette sociale ne conduit-elle pas ou ne risque-t-elle pas de conduire, au point de vue moral, à l'égoïsme? Quand j'aurai payé cette dette, je serai libéré; mais ne le serai-je pas surtout à l'égard de la charité et de la bonté? » En superposant, comme nous essayons de le faire, la doctrine de l'amour et du sacrifice à la théorie de la dette sociale, on ne risque pas d'être conduit à l'égoïsme. On s'en éloigne définitivement.

2. On nous permettra de saisir l'occasion pour rendre hommage à

la *Philosophie de la Religion*, demanda où était dans cette doctrine la place du sacrifice, ce sacrifice que les meilleurs des hommes font d'eux-mêmes sans espoir de retour et dont la civilisation a toujours vécu jusqu'ici. Et comme il parlait ainsi avec une éloquence pressante, on se sentait transporté dans une région supérieure à celle des contrats, même les plus équitables[1]. »

Nous l'avons vu, en effet, la mise en pratique du quasi-contrat social ne représente qu'un échange de services entre les hommes. C'est la reproduction de la vieille formule : *Do ut des*, avec des circonstances, aggravantes pour les uns et plus avantageuses pour les autres. Le paiement de la dette sociale peut s'accomplir dans l'égoïsme, pour ceux qui n'en veulent point reconnaître le bien-fondé, et dans l'indifférence, pour ceux qui estiment qu'il faut s'en tenir là. Il n'y a pas un atome d'amour dans cette opération mécanique. La doctrine de solidarité rétablit l'égalité sociale entre les hommes. Elle leur permet de lutter désormais à armes égales. Certes, la lutte

Sabatier, à sa compétence, à son autorité, universellement admises, sur toutes les questions à l'ordre du jour.

1. *Essai d'une philosophie de la solidarité*, p. 127. — M. Darlu déclare lui-même : « La société a-t-elle sa fin en elle-même? Ou bien travaille-t-elle à une œuvre plus haute? Prépare-t-elle l'avènement de l'esprit? Il y a dans l'âme humaine des profondeurs que l'analyse la plus minutieuse du contenu social ne découvrira pas ou plutôt qu'elle nous cache. » (*Union pour l'action morale*, 1902-1903, I, p. 28.)

est noble. Mais on ne cesse point de lutter. Le sacrifice est, au contraire, la rivalité dans l'amour.

Il élève d'un degré la morale individuelle. Obligé de payer une forte dette, le privilégié estimera qu'il consent à un véritable sacrifice; c'est une illusion; en réalité, il ne rend que ce qu'il doit et rien de plus.

Le christianisme lui demande davantage : de donner ce qui lui appartient en propre et ce qu'il ne tient, en vérité, de personne, si ce n'est de Dieu lui-même : les réserves inépuisables de dévouement, de bonté, de sacrifice que Dieu a placées dans toute âme humaine[1].

Quant à celui qui n'a rien à donner, sous le régime de la dette sociale, mais tout à recevoir, le christianisme lui inspire le même devoir et lui offre cette bonne fortune morale de pouvoir donner, par le sacrifice, à la Société beaucoup plus que celle-ci ne lui donne.

2. D'après certains adversaires du christianisme, la morale de la solidarité aurait été constituée en opposition avec l'idéal traditionnel de la morale chrétienne. Le Christ aurait enseigné la renonciation à soi, l'oubli de soi au nom de l'idéal de sainteté afin d'exalter l'homme jusqu'à

1. « La justice parfaite est le premier degré de la perfection; mais après le premier, il y en a un second. C'est la parfaite fraternité. » (Renouvier, *Manuel républicain de l'homme et du citoyen*, 3e édition, 1904, p. 110.)

Dieu et de lui faire perdre de vue les conditons de la vie terrestre. Dans la suite des siècles, la tâche du christianisme aurait consisté essentiellement à enseigner aux âmes le salut personnel par la persévérante immolation de soi. La morale chrétienne donnerait des instructions pour gravir le chemin du Calvaire. Elle serait notoirement insuffisante pour éclairer la route de la vie.

La sphère du sacrifice serait ainsi totalement étrangère à la sphère de la vie ordinaire. L'Église catholique elle-même, mettant le sacrifice en dehors des actes moraux obligatoires, en faisant un objet de « conseils », par opposition aux « préceptes » de la vie courante, établit une séparation entre deux domaines que nous essayons de rendre solidaires l'un de l'autre. Ainsi le sacrifice ne serait un bien ni supérieur ni inférieur à la simple morale, il serait autre.

Jésus n'a-t-il pas, du reste, méconnu la loi de la société particulière où il vivait? Sa prédication constitue-t-elle une règle de vie admissible, de nature à créer et à favoriser la sociabilité? En quoi se résume son enseignement pour la conduite de la vie, sinon en recommandations de ne pas résister au méchant, de tendre la joue à l'injure, aussi peu propres à fortifier la morale individuelle que la morale sociale[1]?

1 Le principe du sacrifice et ses conséquences, isolés de la doctrine évangélique, aboutissent au tolstoïsme, au principe de la non-résis-

3. Nous estimons, au contraire, que la doctrine de non-résistance au méchant et d'amour des ennemis parachève la morale sociale, telle que l'avait inaugurée la dette sociale appuyée sur la justice et constitue vraiment la plus haute morale individuelle. Ne pas répondre au soufflet, accepter la corvée d'un mille ne sont pas des moyens offerts au méchant de satisfaire sa violence ou ses exigences. Il ne s'agit pas de faire servir le sacrifice de son amour-propre à la satisfaction du désir des méchants. Il importe uniquement de se donner soi-même, et, par le don de soi, sans arrière-pensée, de tendre sans cesse vers la perfection. C'est donc la renonciation au moi que Jésus recommande par le principe de la non-résistance. C'est le même conseil qu'il donne lorsqu'il exhorte à l'amour des ennemis afin de ne pas ressembler aux publicains et aux gentils qui n'aiment que ceux qui les aiment[1], aimant en somme par égoïsme et ne se donnant pas vraiment.

Aimer par égoïsme, par intérêt, n'est-ce pas là le fait de la dette sociale? Aimer par pur amour, n'est-ce pas le fait du sacrifice? « Quand vous aurez fait tout ce qui nous est commandé, dites : Nous sommes des serviteurs inutiles, parce que

tance au mal. Il est évident que le sacrifice de l'individualisme aboutit dans ce cas au sacrifice de la dignité, à la diminution de l'individualité.

1. Cf. Matth. v, 46-47.

nous n'avons fait que ce que nous étions obligés de faire[1]. »

La vraie grandeur, aux yeux du Christ, consiste à servir les autres et non à se servir d'eux : L'homme vraiment grand est celui qui nie pratiquement le moi et qui se donne. « Vous savez, dit Jésus, que ceux qui pensent être les chefs des nations les commandent en maîtres et que les grands exercent sur elles leur autorité; il n'en sera pas de même parmi vous, mais quiconque voudra être grand parmi vous, qu'il soit votre serviteur et quiconque voudra être le premier parmi vous, qu'il soit l'esclave de tous[2]. »

4. Est-ce à dire que la doctrine évangélique ne fasse pas du paiement de la dette sociale la condition préalable des actes de pur dévouement? On a prétendu qu'on chercherait vainement la moindre trace sociologique dans l'enseignement de Jésus. Exclusivement occupé du Ciel, le Christ n'aurait pas attaché d'importance à la solution des problèmes sociaux. Il est hors de doute que ceux-ci ne se posaient pas, en son temps, sous le même angle, avec la même passion que de nos jours. C'est pourquoi les déclarations qu'il a pu faire, à ce sujet, sont rares.

C'est une raison de s'attacher d'autant plus à

1. Luc XVII, 10.
2. Marc X, 42-43.

un texte tel que celui-ci : « Rendez à César ce qui est à César et à Dieu ce qui est à Dieu[1]. » Le christianisme, dit M. Darlu, est venu apprendre à tous les hommes « à distinguer ce qu'ils doivent dans leur vie extérieure à César, au chef de la Société politique, — c'est la dette sociale; et ce que dans le for intérieur, ils doivent à Dieu, c'est-à-dire à leur propre conception de la sainteté parfaite — c'est le devoir moral[2]. »

La question nous paraît nettement posée. S'il avait pu connaître les conditions de la vie économique au XXe siècle, le Christ aurait été pris de compassion pour le sort misérable de notre peuple travailleur et souffrant. Son généreux langage nous autorise à penser qu'il a eu l'intuition de la justice, de toute la justice sociale. Rappelons 1° la parabole de Luc xii, 16 à 22 : le sort du riche de cette parabole menace quiconque s'enrichit pour soi-même et non pour Dieu, autrement dit pour le service de ses frères; — 2° la parabole du jeune homme riche. En conseillant à celui-ci de donner le produit de la vente de ses biens aux pauvres, Jésus semble l'inviter au paiement de la dette sociale; puis, en le priant de se joindre à la troupe des disciples, il lui demande le sacrifice de son individualisme. La première condition posée par Jésus l'effraie : elle l'empêche de remplir la

1. Matth. xxii, 21.
2. *Essai d'une philosophie de la solidarité*, p. 128.

seconde. Le jeune homme riche est apte au sacrifice, mais il est incapable de justice. Jésus ne saurait admettre ce sacrifice frelaté.

5. Quels sont les principaux caractères du sacrifice?

1° Le sacrifice est impossible à prévoir. S'il était soumis à une loi qui en déterminerait le moment précis, il perdrait ce caractère spontané qui lui est essentiel.

2° On a pu s'étonner, au début de cette deuxième partie, de l'application successive faite au sacrifice des termes « facultatif » et « devoir ». Peut-être y aura-t-on cru découvrir une contradiction.

Nous répondons : Le sacrifice est socialement facultatif et individuellement obligatoire. On ne saurait nous obliger à l'accomplir. C'est nous qui nous y obligeons nous-même.

Le sacrifice échappe à la contrainte extérieure, à la loi. Il procède de ce qu'il y a en nous de plus intime, de plus mystérieux et de plus indépendant. Il est la plus haute expression de notre personnalité. Si nous voulons affirmer cette personnalité, nous sommes tenus au sacrifice. Celui-ci est donc un devoir essentiel vis-à-vis de nous-même.

3° Le sacrifice affirme la liberté de l'homme. Au sentiment de dépendance mutuelle qui caractérise la solidarité, il oppose la pleine indépendance de l'individu et, à la contrainte des devoirs sociaux, le libre exercice de l'initiative personnelle. Il permet à l'homme de s'élever au-dessus des conditions actuelles de la vie et d'envisager hardiment l'avenir.

4° Le fait que nous aurions quelque intérêt à accomplir le sacrifice nous ferait retomber dans le domaine de la morale courante. Un individu gravement malade s'exposerait, pour obtenir l'amour d'une personne aimée, aux plus graves périls, il ne consentirait à aucun sacrifice, car il n'aurait en vue, en définitive, que sa propre satisfaction.

Le sacrifice est le don gratuit.

5° C'est aussi le don sans mesure. Il consiste à donner sans compter. L'occasion de faire du bien à son prochain, de se dévouer pour lui est une occasion bienvenue, parce qu'elle est désirée. On n'est enserré par aucune formule. On est libre de dépenser toutes ses réserves de dévouement. Les besoins d'autrui ne sauraient imposer de proportions au sacrifice. C'est là le sens, croyons-nous, de cette parole de l'Évangile : « Si quelqu'un te met en réquisition pour marcher un mille avec lui, fais-en deux. »

6° Le sacrifice est universel. Il s'applique à tous, indistinctement aux bons et aux mauvais.

6. A vrai dire, le sacrifice que nous superposons ainsi à la justice sociale, s'exerce autre part que dans la pure sphère chrétienne. Mais il est aisé

de voir que sans la consécration des principes religieux, les plus beaux actes de sacrifice, admirables comme tels, restent, en général, insuffisants[1], parce qu'ils reposent sur la base de l'injustice.

Un père et une mère aiment leurs enfants. Pour eux, que ne feraient-ils pas? L'amour paternel ou maternel ne connaît pas de bornes, quand il s'agit de ses propres enfants; mais les bornes se multiplient quand il s'agit des enfants d'autrui. Il semble que l'affection des parents, pour être parfaite, doive être exclusive. Ce n'est pas là le sacrifice, au sens chrétien, qui ne saurait connaître de mesure ni de limites.

Le fait du patriotisme donne lieu à la même observation : le soldat, prêt à se laisser tuer pour son propre pays, est non moins résolu à tuer le soldat du pays ennemi. Ainsi, le don de soi peut correspondre à l'extermination d'autrui. La morale chrétienne ne saurait admettre le sacrifice basé sur la haine et l'injustice.

7. Dégagée autant que possible des objections qui s'opposaient à sa légitimité, en quoi consiste

1. Il y a des exceptions, mais peut-être ne brisent-elles pas la règle. Les actes de dévouement survenus à l'occasion d'accidents, par exemple, sont des éclairs de sacrifice, ce n'est pas une traînée continue, une vie systématiquement organisée en vue du dévouement complet à autrui. Ce miracle moral constant, un christianisme plus ou moins conscient peut seul le réaliser.

essentiellement l'idée du sacrifice? Dans le dépouillement de soi au profit des autres, dans le renoncement, dans l'abnégation, dans l'effacement.

Le renoncement à soi-même est la substance de l'enseignement de Jésus, l'exemple donné par sa vie et surtout par sa mort[1]. Insistons ici sur l'une de ses déclarations : « Celui qui cherchera à sauver sa vie la perdra, et celui qui la perdra la rendra vivante » (Luc xvii, 33). Nous avons traduit littéralement, parce qu'ainsi le verset rend tout son sens, le sens du renoncement chrétien.

On peut considérer la donnée de ce verset comme trop absolue. Il ne s'agit pas, pour l'individu, de perdre sa vie, au sens terrestre du mot, et de disparaître ainsi de la scène sociale. Son rôle ici-bas serait terminé, et on ne voit pas comment

1. M. Charles Gide s'exprime ainsi à ce sujet : « De quel prix (Jésus) a-t-il donc payé ce titre de *Fils de l'homme?* En se donnant à tous les hommes, en portant dans une solidarité terrible les misères et les péchés, non pas seulement de son peuple, le peuple d'Israël, non pas seulement de tous ceux, Juifs ou Gentils, qui vivaient de son temps, mais de tous les enfants de la race humaine nés ou à naître. Idéal de l'individualité, idéal du sacrifice! — Et c'est ainsi que du bas en haut de cette échelle mystérieuse qui va de l'échelon le plus infime de la vie animale au sommet de l'humanité, du protozoaire à Christ, nous voyons de degré en degré l'intensité de la vie se mesurer à la capacité du sacrifice et l'éminence de la personne au déclin de l'individualisme. (*Quatre écoles d'économie sociale*, 1890.) — Cf. aussi la note importante de M. L. Maury, *Justice et Charité*, p. 37, 38, 39.

il pourrait continuer à se donner ou plus exactement à donner sans cesse des parts d'activité à la Société : ce serait, en interprétant ainsi ce passage évangélique, se mettre en dehors de la sphère des problèmes sociaux.

Perdre sa vie, c'est abandonner peu à peu tout ce qui fait son utilité ou son charme en faveur des autres, par pur amour. Ainsi, la vie fondée sur l'intérêt diminue jusqu'à s'anéantir; mais une autre vie se forme, se développe, tend à la perfection, et cette vie, qui est la mort du vieil homme, est la naissance de l'homme nouveau. A l'appauvrissement matériel correspond un enrichissement spirituel. L'égoïsme intéressé disparaît pour laisser la place à la pure individualité. L'âme n'est pas réduite à un *moi* solitaire, mais elle devient susceptible d'atteindre à un élargissement indéfini dans le domaine spirituel[1]. Or, Jésus est venu établir ici-bas la vie de l'esprit, autant que notre

1. « Il faut, sans que son individualité disparaisse (ce serait l'anéantissement) que (l'homme) en franchisse les limites, qu'il sorte de soi, qu'il cherche et trouve sa satisfaction plus haut que lui-même, qu'il poursuive un but élevé, infini, à la fois humain et divin. Or, c'est précisément ce que Jésus-Christ, par son Esprit, produit en nous, en nous inspirant l'amour de Dieu et l'amour du prochain, en nous proposant comme but le royaume de Dieu. Ici, les lacunes de l'individualité sont comblées, parce que ce qui est à chacun est à tous et ce qui est à tous est à chacun... Si l'individu est sauvé, c'est pour travailler au salut des autres... s'il est devenu libre par la foi, c'est pour se faire le serviteur de tous par l'amour. » (C.-E. Babut, *Christ et l'individu*, *Revue du Christianisme social*, décembre 1901.)

humanité le permet. Grandir spirituellement, à ses yeux, c'est véritablement vivre.

8. Nous terminerons cette brève étude par un parallèle entre les deux idées que nous avons essayé de juxtaposer dans le devoir individuel et social des hommes.

La dette sociale est toute droit. Le sacrifice est tout liberté. — Payer la dette à autrui, contraint que nous y sommes, ne suppose pas que nous l'aimions autant que nous-même. Accomplir le sacrifice vis-à-vis de l'un de nos frères, c'est l'aimer plus que nous-même. — D'un côté, l'obligation de considérer la dignité d'autrui comme égale à la nôtre; de l'autre côté, la liberté de l'estimer supérieure. — Le solidariste exclusif ne considère que l'intérêt compris intelligemment. Le chrétien vit de l'abnégation qui ne calcule pas. — Acquitter la dette, au jour de la prospérité, afin qu'on puisse nous la payer, au jour de l'infortune, tel est le calcul de la solidarité sociale. Le don de soi-même, sans espérance de retour, tel est le noble abandon du sacrifice.

On aboutit, d'une part, au développement normal de la créature terrestre et, d'autre part, on réalise l'éducation de l'élément divin.

Ainsi les esprits, uniquement absorbés par le paiement de la dette sociale, songent à la terre et rien qu'à la vie terrestre. Le chrétien idéal, animé de la passion du sacrifice, vit ici-bas dans la pensée d'un avenir spirituel. Il vit vraiment, avec l'assurance de ne point mourir, de ne jamais mourir. Jésus, l'Homme de sacrifice, est le grand Vivant[1].

1. Nos notions d'amour, de pitié, de justice
Ont signalé l'effort de nos prédécesseurs,
Peut-être un sens caché dans le mot *sacrifice*
Donnerait le secret des sublimes grandeurs.

(E. Pradez, *Revue du Christianisme social*, mai 1904.)

TABLE DES MATIÈRES

www.ingramcontent.com/pod-product-compliance
Lightning Source LLC
LaVergne TN
LVHW010045230826
846091LV00005B/1878

* 9 7 8 2 0 1 2 9 3 6 5 2 2 *